JN410478

고교생 공동시집

우리들의 특별한 언어

책가방으로 들어온 詩

고 교 생 공 동 시 집

우 리 들 의 특 별 한 언 어

책가방으로 들어온 詩

이동환 외 지음

문학의전당

차례

고등부

초중등부

고등부

곽민지

● 청담고

청량리

내가 태어난 고향 청량리
내가 다닌 초등학교
지나오던 길

내가 다니던 피아노 학원
그 자리엔 다른 가게가
들어왔네

내가 자라던 고향 청량리
내 어린 시절이 담겨 있는 곳
그때로 다시 돌아가고 싶네

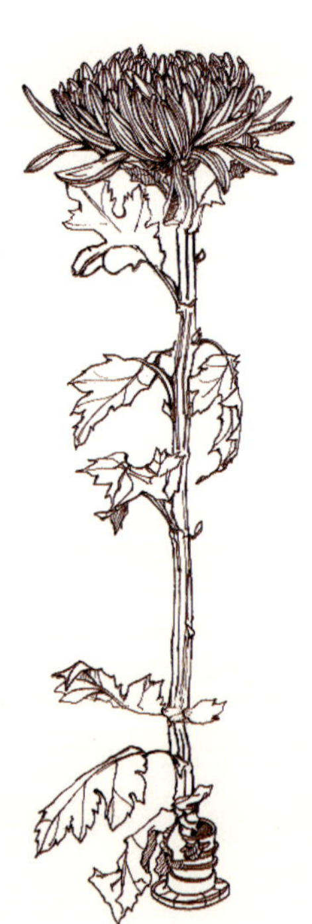

허수아비

말도 못하고 같은 자리에
늘 똑같은 모습으로 서 있는
나는 허수아비

하지만 나에게도 친구가 있다
날 찾아오는 새와
지나가던 아이들

이제 내가 싫증났는지
하나 둘 나를 떠나네
아, 화목한 교실에
나는 혼자 남겨진 허수아비

말도 못하고 같은 자리에
늘 똑같은 모습으로 서 있는
나는 허수아비

오선지

하얀 바탕에
무심한 듯 그어져 있는
다섯 개의 검은 줄

차가운 검은 줄을
나의 펜으로 달랜다

한 줄 한 줄
나의 꿈들을 올려놓으니
죽어 있던 오선지가 살아난다

날개

학고란 감옥 안에
기계처럼 움직이는 손들

아이들의 재능은
무시당한 채
손들은 빠르게 움직인다

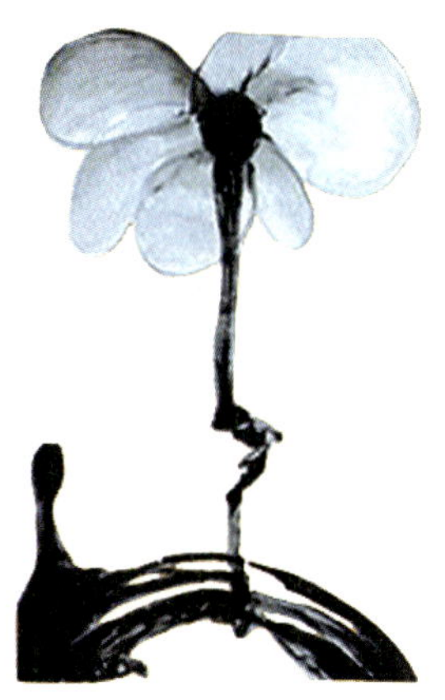

두 얼굴

내가 사랑하는
자상한 아빠

나를 사랑하는
딸 바보 아빠

내가 이해 못하는
자상한 아빠

나를 이해 못하는
딸 바보 아빠

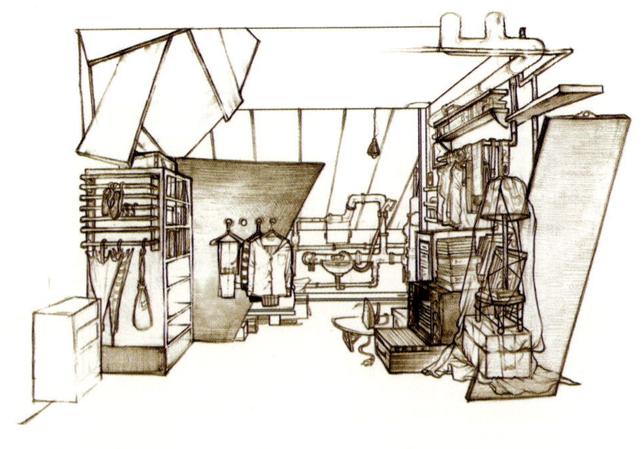

30문 30답

1. 이름 — 곽민지

2. 학교 — 청담고등학교

3. 생일 — 1996년 8월 6일

4. 혈액형 — B형

5. 부모님 하면 떠오르는 말

— 사랑, 미안함, 부담감

6. 가장 좋아하는 시와 이유

— 『참 좋은 당신』이란 시집의 「이별」. 이유는 이별을 표현한 단어들이 좋아서.

7. 노래방 18번 곡

— 비욘세(Beyonce)의 〈Halo〉

8. 이성을 볼 때 제일 먼저 보는 곳

— 외모

9. 결혼하고 싶은 나이

— 20대 후반 ~ 30대 중반

10. 가장 기억에 남는 영화

— 〈러브레터〉

11. 거울을 본 후의 느낌

— 이 정도면 예쁘다.

12. 태몽

— 모름

13. 기억에 남는 광고

— 에이스침대

14. 통장에는?

— 나중에 커서 쓸 돈이 들어 있다.

15. 신혼여행은 어디로?

— 하와이

16. 길거리에서 1억 원을 주웠다면?

— 가지고 싶은 마음은 들겠지만 그래도 경찰서로.

17. 만 원으로 1박 2일을 보낸다면?

— 저렴하게 먹고 싶은 거 안 먹고 아껴서.

18. 미래의 자식들에게 한마디 한다면?

— 예쁘고 건강하게 태어나줘서 고마워.

19. 3명만 복제인간을 만든다면?

— 나, 아빠, 엄마

20. 성대모사 할 수 있는 것

— 정인

21. 현 대학 입시는?

— 올해 들어 A형 B형이 생겨서 예체능 학생들도 너무 어렵지만은 않은 난이도로 시험을 볼 수 있게 되었고, 또 같이 보던 애들이 A형 시험을 보게 되어서 B형을 보는 학생들의 경쟁이 더 치열해졌다. 그리고 EBS의 비중이 작년보다 더 높아져서 EBS

교재를 찾는 아이들이 많아졌고 수시 비중이 더 높아졌다.

22. 자신의 장점

— 활발하고 사교성이 뛰어나며 솔직함, 좋아하면 그거 한 가지만 한다.

23. 자신의 단점

— 솔직함(너무 솔직해서 오해받을 때가 있음). 귀찮아하는 것. 한 가지 일을 오래 못한다.

24. 고등학교 시절 중 경험한 배려와 나눔은?

— 지하철역에서 할머니가 짐을 들고 높은 계단을 올라가시기에 짐을 들어주었다. 학교 동아리 봉사반에 들어가서 액세서리들을 만들어 고아원에 무료로 보내주었다.

25. 고등학교 시절 어려움과 극복의 노력

— 진로문제. 상담사를 찾아가도 보고 혼자 진로 체험, 적성검사 등 나한테 맞는 직업과 내가 하고 싶은 게 맞는지 알아보았다.

26. 가장 감명 깊었던 책 3권

— 『기억 전달자』『힘들 땐 그냥 울어』『가고 싶은 길을 가라』

27. 자신의 자질 중 가장 뛰어난 것

— 노래

28. 성장 환경이 삶에 미친 영향

— 부유하지도 그렇다고 가난하지도 않게 내가 입고 싶은 거 먹고 싶은 거 갖고 싶은 거 다 하고 살았다. 그래서 돈을 막 쓰지 않고 저금도 하고 물건 하나를 사더라도 더 싼 게 있나 잘 찾아보고 산다.

29. 자기주도적 학습 경험

— 호텔리어가 꿈이었을 때 학교 야자실을 이용해 매일 짜인 일정표를 보고 혼자 공부했다. 너무 공부만 하는 것이 아니라 적당한 휴식시간도 가졌다. 내가 집중할 수 있는 시간을 잘 알기 때문에 시간표를 짜서 실천하는 데 어려움이 없었다.

30. 미래의 목표와 그 동기는 무엇인가?

— 어렸을 때 어머니의 권유로 피아노를 시작하게 되었는데 배우다 보니 피아노에 대한 흥미와 음악에 관심이 생기게 되었다. 그 후 나는 가수가 되고 싶었는데 아버지의 반대가 심했다. 오랜 설득 끝에 고등학교 2학년부터 실용음악학원에 다닐 수 있게 되었다. 만약 재능이 없다는 소리를 듣거나 스스로 그걸 느끼게 되면 그만두려고 마음먹었었다. 그런데 학원에 다니면서 재능이 있다는 말도 듣고, 조금만 더 배우면 스스로 잘할 수 있을 거 같다는 믿음이 생겼다. 이제 고등학교 3학년이 되어 수능을 준비하고 대학교를 들어가야 하는 때가 되었고, 아버지는 여전히 내 미래를 걱정하며 가수보다 안정적이고 편한 직업을 갖길 원하시지만, 나는 그래도 싱어송라이터가 되고 싶다.

김동우

휘문고

가을 예찬

따뜻한 봄, 뜨거운 여름 모두 지나가고
폭우와 바람에 울부짖던 태풍의 계절을 지나
선선한 바람과 맑고 높은 하늘이 상쾌한
한가위와 수확의 계절, 가을이 왔네

우리의 인생은 변화하는 사계절과 같다
봄에 대지로부터 만물이 솟아나듯 우리도 태어나서
봄처럼 따뜻한 부모님의 보살핌을 받으며 자라나고
뜨겁고 정열이 넘치지만 때로는 숨이 막히는 청춘의 여름을 지나며
때로는 인간의 힘으로는 벅찬 운명의 태풍을 만나기도 하면서
비로소 풍요롭고 쾌적한 수확의 계절 추석과 가을을 만나게 되지

우리의 인생도 가을이 지나면 춥고 외로운 겨울이 오겠지만
지금 보는 맑고 높은 푸른 가을 하늘처럼
우리의 삶과 행복 모두 맑고 높기를 바라면서
상쾌한 지금의 가을을 있는 그대로 느끼고 행복을 즐기자
바로 오늘이 내 인생에서 가장 젊고 행복한 날임을 생각하면서

봄은 백화점이다

봄은 백화점이다
수많은 이들이 봄의 문이 열리길 애타게 기다리다가
봄의 문이 활짝 열리면 기대에 부풀어 봄 안으로 달려 들어 간다
봄의 잔치로 힘차게 달려 들어가면
여기 저기 만개한 아름다운 개나리, 진달래꽃, 싱싱한 새싹들
모든 이가 신이 창조한 자연의 명품들과 만난다

봄은 백화점이다.
봄이 되면 봄내음이 가득한 달래, 냉이 같은 봄나물들, 딸기 등의 과일들
그리고 도미, 꼬막, 피조개, 주꾸미 같은 해산물들
조물주가 정성껏 차린 싱싱한 자연의 푸드코트가 활짝 열린다

봄은 백화점이다.
추운 겨울이 지나고 따뜻한 봄이 오면,
졸졸 흐르는 개울물 소리, 꽃이 피는 소리, 봄나들이하는 아이들의 웃는 소리
이 모두가 신이 개최한 문화센터에서 연주하는 자연의 오묘

한 왈츠이다

오늘도 나는 첫사랑을 애타게 기다리는 사춘기 소년처럼

봄의 백화점이 활짝 열리기를 두근거리는 마음으로 기다려 본다

푸르른 계절의 여왕
—5월을 맞이하며

몸과 마음을 에이게 하는 겨울이 지나고
심술궂고 변덕스런 기운의 4월을 거치면
눈이 아릴 듯 선명한 녹색 드레스를 입은
아름답고 화사한 계절의 여왕 5월이 오신다

겨우내 메마르고 앙상했던 우리의 마음도
찬란하고 푸르른 계절의 여왕을 마주치면
기다리던 사랑하는 연인을 만난 것처럼
새로운 희망과 기쁨이 샘솟아 오른다

4월을 잔인한 달이라고 표현한 T. S. 엘리엇도
푸른 5월을 계절의 여왕으로 부른 시인 노천명도
모든 이를 행복하게 만드는 어머니 같은 5월(May)이
그리스 신화의 어머니의 신 Maia에서 온 줄은 몰랐으리라

계절의 여왕이자 가정의 달, 5월에는
하늘로부터 따뜻한 햇볕을 받아서 신록에 에너지를 전해주는 대지처럼
우리 청소년들도 아버지의 사랑과 어머니의 따뜻한 보살핌

을 받아서

화사하고 푸르른 5월의 신록처럼 밝고 싱싱하게 자라나기를 기대해본다

여름의 꿈

여름은 청춘이다
따뜻하고 아늑한 봄의 걸음마를 지나면
힘차게 뜀박질하는 계절의 청춘 여름이 오네
몸과 영혼에 여름의 에너지와 열기가 가득하다.

여름은 해방이다
답답하고 억눌린 도시와 현실에서 벗어나
불타는 태양과 불타는 청춘들이 해변을 불태우는 여름은
이 시대와 답답한 현실의 해방구이다

여름은 추억의 음반이다
마음을 나누는 친구와, 다정한 연인과 함께 지새우는 여름 밤은
아름다운 선율과 아픈 기억의 잡음이 함께 어우러지는
우리의 인생을 써내려가는 추억의 연주 음반이다

여름은 가을의 서곡이다
열정의 시간 여름이 지나면 시원한 사색의 계절 가을이 오듯이

우리의 불타는 청춘, 뜨거운 여름을 마음껏 해방시키자
열정의 끝자락에는 아스라한 추억을 되씹는 가을이 기다리고 있으니

겨울 이야기

겨울은 마법사다
겨울에 눈이 내리면 이 세상의 모든 더러움을
하얀 은색 모포로 덮어버리는 마술을 보여준다
아름답고 고운 흰색 화장을 한 겨울 여인의 자태가
보는 사람의 마음도 깨끗하고 편안하게 정화시킨다.

겨울은 종결자다
봄여름가을을 거치며 갖가지 색으로 생명을 뽐내던 꽃과 나무도
여러 가지 소리로 끊임없이 재잘거리며 흐르던 냇물도
계절의 지휘자 자연이 끝맺음하는 겨울연주 앞에서 리듬을 멈춘다

겨울은 감옥이다
계절의 종결자 겨울의 혹독한 계엄 아래서
박동을 멈추고 정지해버린 나무도, 곤충도, 짐승들도
생명의 대사면이 일어나는 따뜻한 봄이 오면
일제히 추운 억압에서 벗어나 저마다의 생명과 자유를 외친다

겨울은 엄한 선생님이다

춥고 혹독한 겨울을 이겨낸 나무들에서

봄이 오면 병충해 없이 더욱 더 건강한 새싹이 나오듯이

힘들고 어려운 삶의 겨울을 맞이하더라도

용기와 인내로 견디면 화려하고 아름다운 인생의 꽃이 피리니

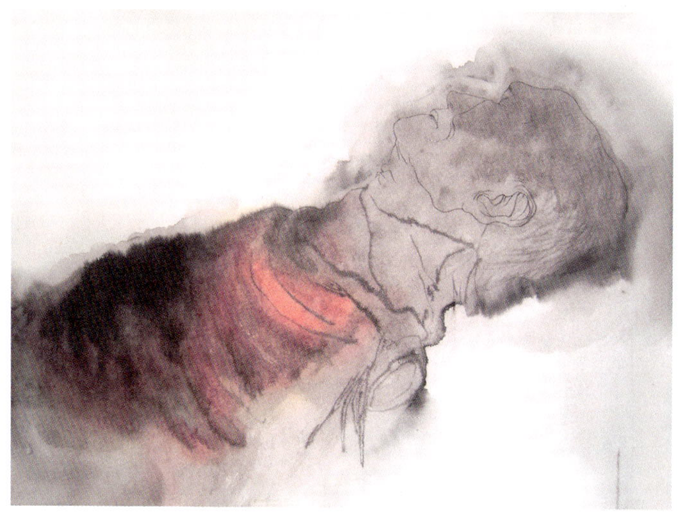

30문 30답

1. 이름 — 김동우

2. 학교 — 휘문고등학교

3. 생일 — 1996년 10월 17일

4. 혈액형 — O형

5. 부모님 하면 떠오르는 말

— 엄마, 아빠

6. 가장 좋아하는 시와 이유

— 프로스트의 「가지 않은 길」. 내가 이루고자 하는 바를 꼭 이루어야 한다는 교훈을 주어서.

7. 노래방 18번 곡

— 이적의 〈하늘을 달리다〉

8. 이성을 볼 때 제일 먼저 보는 곳

— 마음

9. 결혼하고 싶은 나이

— 28살

10. 가장 기억에 남는 영화

— 〈인셉션〉

11. 거울을 본 후의 느낌

— 잘생겼다.

12. 태몽

— 황금 쌍 두꺼비

13. 기억에 남는 광고

— SHOW

14. 통장에는?

— 비상금

15. 신혼여행은 어디로?

— 하와이

16. 길거리에서 1억 원을 주웠다면?

— 주인을 찾아준다.

17. 만 원으로 1박 2일을 보낸다면?

— 절약하며 보낸다.

18. 미래의 자식들에게 한마디 한다면?

— 열심히 살자.

19. 3명만 복제인간을 만든다면?

— 복제인간은 비윤리적이다.

20. 성대모사 할 수 있는 것

— 나 자신.

21. 현 대학 입시는?

— 아직 평가하기 이르다.

22. 자신의 장점

— 끈기와 열정, 집중력.

23. 자신의 단점

— 잠이 많다.

24. 고등학교 시절 중 경험한 배려와 나눔은?

— 수많은 선생님들의 관심과 애정.

25. 고등학교 시절 어려움과 극복의 노력

— 피로와의 싸움이 힘들었는데 정신력으로 극복했다.

26. 가장 감명 깊었던 책 3권

— 『제2의 시간』 『뇌과학』 『게임의 법칙』

27. 자신의 자질 중 가장 뛰어난 것

— 집중력이 뛰어나다.

28. 성장 환경이 삶에 미친 영향

— 부모님이 독립성을 중요하게 여기셔서 자기주도적으로 생활하고 있다.

29. 자기주도적 학습 경험

— 뇌과학 캠프 및 올림피아드 수상.

30. 미래의 목표와 그 동기는 무엇인가?

– 서종모 교수님 강의를 듣게 된 후, 의사가 되어 인공눈을 개발하고 싶다.

김수민

경기여고

가방

거리를 걸어가는 사람들
저마다 가방과 함께 걷는다.
가방 안에는 무엇이 들어 있을까?

손잡이 튼튼한 엄마의 가방은
가르치는 일에 대한 엄마의 열정과
자식의 앞날을 걱정하는 마음과
오늘도 살아내야 할 생활의 고단함으로
엄마의 어깨를 무겁게 한다.

어느새 빳빳한 풀기가 가신 내 가방엔
공부의 고단함은 늘 있지만
알지 못할 미래를 어렴풋이 그려보는 희망과
친구들과의 소중한 추억들이
재잘거림으로 남아 있다.

사춘기의 터널을 지금 막
지나고 있는 내 동생의 가방 속엔
무엇이 들어 있을까?

내 뜻대로
내 인생을 펼쳐갈 수 있는
어른이 되었을 때
내 가방 속은
무엇으로 가득 차 있을까?

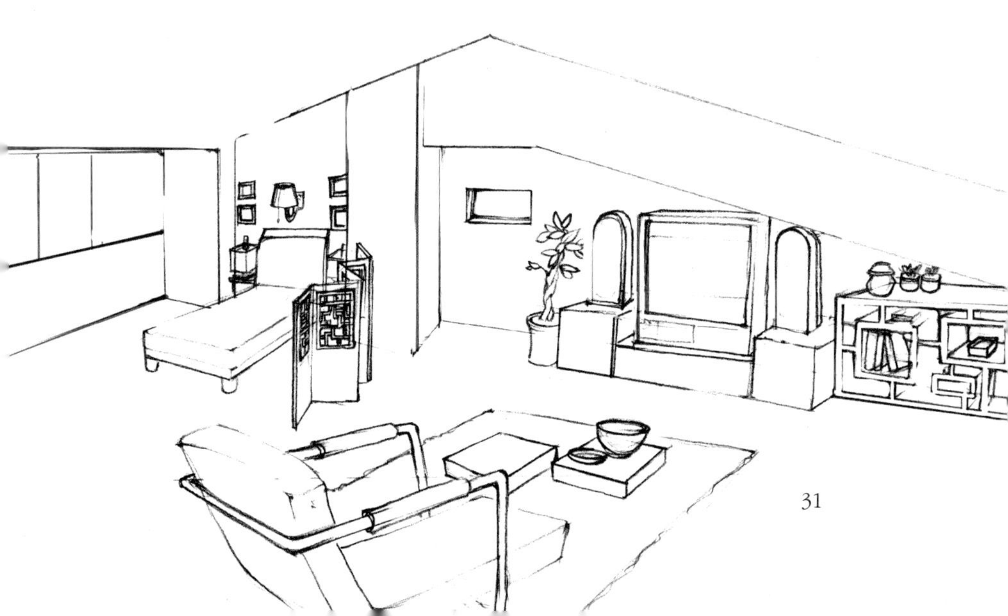

은행

시원한 바람 불어 가을이 되니
바람이 가지를 지날 때마다
우두둑 우두둑 하늘에서 은행이 떨어진다.

혹시라도 밟으면 큰일 날까
떨어진 열매 사이로
까치발로 피해 다니다
엄마와 함께 떨어진 은행을 줍기 시작하면서
어느 곳에 은행나무가 많은지
어느 곳 은행알이 굵은지
생각하며 거리를 걷게 되었다.

비가 오는 날에는
은행이 많이 떨어져 신난다고
날씨가 좋은 날에는
날씨가 좋아 걷기 좋다고
저녁마다 엄마랑 봉지 가득 은행을 줍는다.

뭐가 그리 좋아서

매일 즐겁게 은행을 주웠을까?
봉지에 가득 찬 은행을 보며
어쩌면 그리 뿌듯하게 돌아왔을까?
냄새난다고 피하기만 하던 은행이
어쩌자고 내게 또 다른 즐거움을 주게 되었을까?

후회하지 않아

똑딱 똑딱 똑딱 똑딱
하루하루 지나 어느새 일 년
시간이 빠르게도 지나갔구나.

의미 없이 지내온 지난 시간들
되돌아보니 후회만 가득한데
후회한다고 뭐 지난 일이 바뀌나

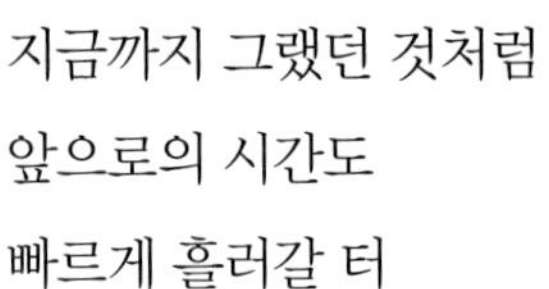

지금까지 그랬던 것처럼
앞으로의 시간도
빠르게 흘러갈 터

미래의 내가
지금의 나를 되돌아볼 때
그래 나는 최선을 다했어
그땐 그렇게 할 수밖에 없었어 생각하도록
뒤돌아보지 말고 힘차게 나아가는 수밖에.

내비게이션

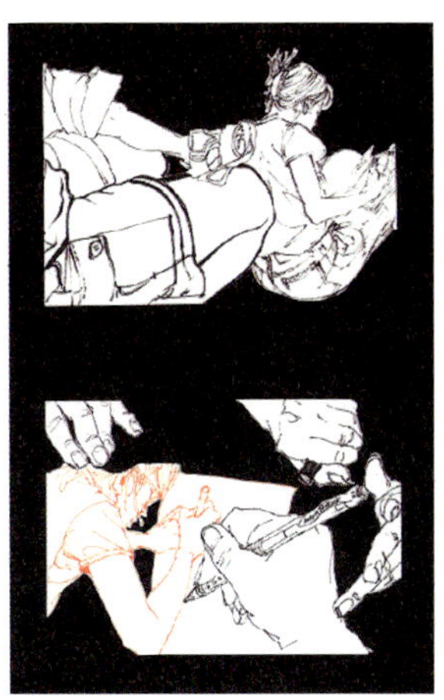

오십 미터 전방에서 좌회전하세요.
이동식 과속 단속 구간입니다.
전방에 요철 구간이 있습니다.
목적지에 도착하였습니다.

공간 감각 부족한
우리 엄마의 보디가드 내비게이션
나에게도 똑똑한 내비게이션 하나 있었으면 좋겠다.

내가 지금 가고 있는 이 길이
내가 정말 가고 싶은 곳으로 가는 길인지
속도는 너무 늦거나 빠르지 않은지
혹시 재탐색을 계속하며 헤매는 건 아닌지
얼마나 더 지나면 도착할 수 있는지

목적지를 입력만 하면
막히지 않고 신나게 달릴 수 있는 길 안내해주는
똑똑한 내비게이션 하나
나에게도 있었으면 좋겠다.

발자국

눈 덮인 거리
수많은 발자국들
그 발자국들만 따라 걸으면
신발 젖지 않고 쉽게 걸어갈 수 있다.

아무도 밟지 않은
새하얀 눈밭 위로
지금 내가 남기고 있는 이 발자국이
뒤따라오는 어느 누군가에게

도움의 발자국이 되었으면
희망의 이정표가 되었으면

30문 30답

1. 이름 — 김수민

2. 학교 — 경기여자고등학교

3. 생일 — 3월 7일

4. 혈액형 — A형

5. 부모님 하면 떠오르는 말 — 사랑합니다.

6. 가장 좋아하는 시와 이유

— 정현종의 「모든 순간이 꽃봉오리인 것을」. 매일매일 별다른 생각 없이 생활하고 있던 내게 일상생활의 한순간 한순간이 얼마나 소중한지 감사하는 마음이 들게 해주어서.

7. 노래방 18번 곡 — 이승기의 〈Smile Boy〉

8. 이성을 볼 때 제일 먼저 보는 곳

— 제일 먼저 눈을 볼 것 같은데 그 사람의 표정, 분위기, 실루엣 등 전체적인 분위기를 일순간 느끼지 않을까?

9. 결혼하고 싶은 나이

— 내가 나 자신을 책임질 수 있을 때, 이젠 나도 진짜 어른이구나 하는 생각이 들 때, 정말 사랑할 수 있는 사람을 만난다면 나이는 몇 살이든 상관없을 것 같다.

10. 가장 기억에 남는 영화 — 〈인셉션〉

11. 거울을 본 후의 느낌

— 오늘은 왠지 낯선 느낌이 든다. 너는 누구니? 지금 무슨 생각을 하고 있니?

12. 태몽

— 특별한 꿈을 꾸지 않으셨다고 한다. 혹시 나는 어느 다리 밑에서 주워온 아이?

13. 기억에 남는 광고

— "좋아하는 것을 해줄 때보다 싫어하는 것을 하지 않을 때 신뢰를 얻을 수 있습니다"라는 말이 가슴에 들어온 두산의 '사람이 미래다'라는 광고.

14. 통장에는?

— 커서 내 꿈을 펼칠 때 디딤돌이 되라고 태어난 날을 기념해서 만들어준 통장에 지금까지 계속 가족의 사랑이 쌓여가고 있다.

15. 신혼여행은 어디로?

— 플라멩코와 투우사의 열정을 느끼러 스페인으로 고고!

16. 길거리에서 1억 원을 주웠다면?

— 부모님께 멋진 차도 선물해드리고 가족과 해외여행도 가고 싶지만 잃어버린 사람의 애타는 마음을 생각하면 당장 경찰서에 갖다주는 게 도리.

17. 만 원으로 1박 2일을 보낸다면?

— 아침을 잔뜩 먹고 나가 친구들과 버스나 지하철을 타고 서울 시내의 이 거리 저 거리를 걸으며 구경하고 놀다가 견딜 수 없이 배가 고파지면 라면을 사들고(돈이 되면 과자도 몇 개 사

고) 그중 한 친구 집으로 놀러가 같이 라면을 끓여 먹고 강남 케이블TV에 있는 무료 영화를 골라서 밤새 수다 떨면서 본다.

18. 미래의 자식들에게 한마디 한다면?

— 닭의 목을 비틀어도 고3은 간다.

19. 3명만 복제인간을 만든다면?

— 일단 귀찮고 하기 싫고 곤란한 일이 있을 때 나를 대신하도록 나를 하나 더 만든다. 그다음 스티브 잡스처럼 세상을 바꿀 수 있는 뛰어난 능력을 가진 사람과 (음악이든 노래든 코미디든 종교지도자든 연설가든 장르는 상관없이) 많은 사람들의 마음을 위로해 줄 수 있는 사람을 만든다.

20. 성대모사 할 수 있는 것

— 엄마의 잔소리, 또는 화난 목소리.

21. 현 대학 입시는?

— 기회가 많이 열려 있는 것처럼 보이지만 어느 문으로 들어가야 할지 막막하다.

22. 자신의 장점

— 꼼꼼하고 야무지다.

23. 자신의 단점

— 남 앞에 나설 때 많이 긴장한다.

24. 고등학교 시절 중 경험한 배려와 나눔은?

— 작년 여름, 길을 지나가다 쓰러지신 할머니에게 구급차가 오는 동안 심폐소생술을 시행했다.

25. 고등학교 시절 어려움과 극복의 노력

— 고등학교에 입학해서 처음에 성적이 안 좋게 나와 충격이 컸었다. 그래서 야자도 열심히 하고 잠도 줄이고 부족한 점을 찾아 고치려고 노력하고 있다.

26. 가장 감명 깊었던 책 3권

— 『친구가 되어 주실래요?』 『솔로몬의 반지』 『그 많던 싱아는 누가 다 먹었을까』

27. 자신의 자질 중 가장 뛰어난 것

— 한번 해야겠다고 생각하면 끝까지 해서 해결하는 끈기.

28. 성장 환경이 삶에 미친 영향

— 그렇게 넉넉하지 않은 환경 속에서 생활하였기 때문에 일상의 작은 것들도 소중하게 여기며 기뻐할 수 있는 마음이 생겼으며, 어머니가 우리들을 위해 노력하시는 모습을 보며 조금 힘들거나 어려워도 절대 포기하지 않고 목표를 위해 끝까지 최선을 다해야 한다는 것을 알게 되었다.

29. 자기주도적 학습 경험

— 고등학생이 되기 전까지 전혀 과외를 받지 않고 스스로 학습계획을 세워 예습보다는 복습에 중점을 두어 공부했다.

30. 미래의 목표와 그 동기는 무엇인가?

— 의사. 내 적성에 잘 맞을 것 같고 즐거운 마음으로 오랫동안 잘 할 수 있을 것 같은 생각이 들기 때문이다.

겨울…… 그리고 그리움

맹은지

천안여고

타국에서의 겨울은 달랐다
이국의 집들
눈으로 뒤덮인 하얀 풍경

눈 덮인 길을 걸어가며
깊은 숨을 들이쉬었다
어딘지 모를 답답함……

타지 생활 후 한국에서의 겨울은
추웠고, 추웠으며.
공기조차 깨끗하지 못한 추위

그러나……
가슴 깊은 폐부까지 찔러오는
차가운 공기의 느낌!

아아…… 난 한국이 그리웠나 보다

달빛

터덜터덜 집으로 돌아가던 길가
차가운 공기를 들이마시며
집에 가서 쉬어야겠다는 생각만이
나부낄 때

눈에 들어온 달
아름다운 자태에
무심코 주머니에 손을 넣어 핸드폰을
찾는다

아기의 눈동자 같은 달
카메라 렌즈를 통해 바라보지만

잡힐 듯, 잡히지 않을 듯
아스라이 손 사이로 빠져나가고

여러 번
찰칵 소리를 냈지만
탄식 소리만 커져갈 뿐

그 아름다운 빛
가슴속에 고이 간직하는 수밖엔……

길이 꺾이고

붉은색, 푸른색의 보도블록들이
가지런히 줄 맞추어 덮여 있고
의미 없는
이국의 노랫말이 흘러 들어온다

길이 꺾이고……
무심코 고개를 든다
푸른빛 위에 하나의 경계처럼 덮여지는 붉은빛.
푸른빛 위 하늘에
인스턴트 같은 잡다한 도시는 고요해지고
나 혼자만 우두커니.

그렇게 누구인지, 무엇인지 모를 그리움이 밀려오고,
가슴속은 깊은 심해로……
아! 만물의 벅차오르는 아름다움!
집에 돌아가기 위해 사각형의 버튼을 누르고
사각형 박스 안에 들어갔을 때
난 그 포근함이 깨어지는 소리를 듣는다

크리스마스 선물

천안의 한 아파트 뒤 베란다엔
가시고기 책 한 권이 숨겨져 있었다
누구를 기다리고 있던 걸까

잠시 후 한 소녀가 문을 열고 들어온다
소녀의 눈에 들어온 책 한 권
소녀가 크리스마스 선물로 원하던 책이었다

선물이 있다는 즐거움
빨간 옷을 입은 할아버지가 더 이상
존재하지 않는다는 서러움

새벽 4시

깨어본 적 있던가 그대

누군가에겐 시작을 알리는
누군가에겐 끝을 알리는
이 시간

깨어본 적 있던가 그대

하루를 시작하는
지친 하루 안도하는
이 시간

깨어본 적 있던가 그대

겨울밤 별빛 맞으며
찬 공기 마시며
이 시간

깨어본 적 있던가 그대

이상하리만큼 평온한
누군가가 그리운
이 시간

깨어본 적 있던가 그대

30문 30답

1. **이름** — 맹은지

2. **학교** — 천안여자고등학교

3. **생일** — 1994년 3월 10일

4. **혈액형** — A형

5. **부모님 하면 떠오르는 말**

   — 보수, 정확.

6. **가장 좋아하는 시와 이유**

   — 신경림의 「낙타」. 해탈의 느낌이 좋다.

7. **노래방 18번 곡**

   — 10cm의 〈애상〉

8. **이성 볼 때 제일 먼저 보는 곳**

   — 느낌

9. **결혼하고 싶은 나이**

   — 내가 하고 싶을 때

10. **가장 기억에 남는 영화**

    — 〈포카혼타스〉

11. **거울 본 후 느낌**

    — 예쁘다.

12. **태몽**

— 광활한 밭에 가득한 숟가락들.

13. 기억에 남는 광고

— '2% 부족할 때'

14. 통장에는?

— 하고 싶은 거 할 수 있을 만큼.

15. 신혼여행은 어디로?

— 전국 일주

16. 길거리를 거닐다 돈 1억 원을 주웠다면?

— 고민하다 주인 찾아줄 것 같다.

17. 만 원으로 1박 2일을 보낸다면?

— 여행(지하철로)

18. 미래의 자식들에게 한마디 한다면?

— 도리에 어긋나지 않는 한 하고 싶은 거 하면서 살아라.

19. 3명만 복제인간을 만든다면?

— 김구, 이육사, 나.

20. 성대모사 할 수 있는 것

— 영화 〈7번방의 선물〉의 이용구.

21. 현 대학 입시는?

— 모순적이고 비합리적

22. 자신의 장점

— 주관이 뚜렷한 것

23. 자신의 단점

— 주관이 뚜렷한 것

24. 고등학교 시절 중 경험한 배려와 나눔은?

— 지식적인 면, 교우 관계, 전교생이 도와준 학교 후배.

25. 고등학교 시절 어려움과 극복의 노력

— 복학한 후 학교 적응 및 교우 관계가 어려웠지만, 비교하지 않으려고 하고 아이들에게 먼저 다가갔다.

26. 가장 감명 깊었던 책 3권

— 『내가 누구에요』 『전태일 평전』 『유럽건축 뒤집어보기』

27. 자신의 자질 중 가장 뛰어난 것

— 남들 앞에서 말하는 것.

28. 성장 환경이 삶에 미친 영향

— 한국예절문화원 원장님이신 외할머니 그리고 모든 걸 스스로 하게 하는 부모님 덕분에 전통적이고 한국적인 것을 좋아하고, 주관이 뚜렷해졌다.

29. 자기 주도적 학습경험

— 한국사 1등급 맞기

30. 미래의 목표와 그 동기는 무엇인가?

— 역사와 사회학의 연결, 교환학생 중 경험과 나의 가치관 및 흥미.

신현

숭신여고

새 학기

새 노트와 펜을 들고
찬바람을 가로지르며
설레는 마음으로

두근두근
긴장 속에서

아직은 차가운 책상
어색한 침묵

졸업

정작 떠날 때
아무 말 없었다.

그날이 오기 전까진
온갖 생각을 다 했는데
막상 꽃다발을 안고
먹먹해지는 가슴

영원히
볼 수 없고
들을 수 없을 이 순간을

마음속에
고이 묻어두고

일렉 기타

헤드폰을 끼고
적절한 볼륨에

시원하게 튕겨지는
깨끗한 사운드
깔끔하게 잘려 나가는
수준 이상의 커팅
갑갑하고
꽉 막혀 있던 마음을
신선한 기운으로
날 달래주는

기분 좋은 줄 튕기는 소리
피크로 채워지는 소리

밤하늘

학원을 가다가
푸르스름해진 밤하늘
찬찬히 굽어보면
보석처럼
수놓아져 있는 밤하늘

일부러
그런 하늘을 보려고
한 시간 거리를
천천히 걸어가던 나

잔잔한 노래와
반짝거리는 밤하늘과
나란히 집을 가던
추억

반복

술술 잘 풀어가다
꼬인 부분을 발견했을 때

풀어야 할까
잘라야 할까

수많은 고민을
많은 생각이 뒤엉키는
바로 그 과정의
반복

30문 30답

1. 이름 – 신현

2. 학교 – 숭신여자고등학교

3. 생일 – 1995년 2월 20일

4. 혈액형 – A형

5 부모님 하면 떠오르는 말 – 공부 좀 해라!

6 가장 좋아하는 시와 이유

– 복효근의 「버팀목에 대하여」. 나를 도와준 사람들에게 고마움을 다시 한 번 생각해 볼 수 있었다.

7. 노래방 18번 곡

– 더 클래식의 〈마법의 성〉

8. 이성을 볼 때 제일 먼저 보는 곳

– 눈

9. 결혼하고 싶은 나이

– 20대 후반

10. 가장 기억에 남는 영화

– 〈레미제라블〉

11. 거울을 본 후의 느낌

– 자신감이 회복된다.

12. 태몽

— 금반지를 주워 복주머니에 넣어 오는 꿈.

13. 기억에 남는 광고

— 박카스 광고

14. 통장에는?

— 비밀

15. 신혼여행은 어디로?

— 푸껫

16. 길거리에서 1억 원을 주웠다면?

— 경찰서에 가져다준다.

17. 만 원으로 1박 2일을 보낸다면?

— 요양원에 만 원을 기부하고, 봉사활동을 한다면 하루를 재워 주겠지!

18. 미래의 자식들에게 한마디 한다면?

— 시간은 금이다.

19. 3명만 복제인간을 만든다면?

— 테레사 수녀, 베토벤, 세종대왕

20 성대모사 할 수 있는 것

— 없음

21. 현 대학 입시는?

– 불투명해서 확신하기 어렵다.

22. 자신의 장점

– 성실하다. 긍정적이다.

23. 자신의 단점

– 잠이 많다. 매사에 조심스럽다.

24. 고등학교 시절 중 경험한 배려와 나눔은?

– 깍두기나 주먹밥을 만들어 복지관에 전달함.

25. 고등학교 시절 어려움과 극복의 노력

– 성적이 떨어졌을 때 스터디 플래너로 시간 관리에 노력을 했다.

26. 가장 감명 깊었던 책 3권

–『세상에서 가장 슬픈 야생동물 이야기』『간호사가 말하는 간호사』『검은말 뷰티』

27. 자신의 자질 중 가장 뛰어난 것

– 미적인 자질이 있어 사물에 대한 관찰력이 뛰어남.

28. 성장 환경이 삶에 미친 영향

– 많은 동식물을 키워 생명과 생물에 대한 관심이 높음.

29. 자기주도적 학습 경험

— 쉬는 시간을 활용한 효율적 공부. 0교시, 매 쉬는 시간마다 중요 문제 풀기.

30. 미래의 목표와 그 동기는 무엇인가?

— 수의사나 간호사가 되어 아픈 이들을 치료하고 싶다. 건강해진 모습을 보면 마음이 뿌듯해지기 때문이다.

심주섭
● 천안중앙고

새벽 지하철

모두가 잠든 새벽의 지하철역.
텅 빈 지하철은 갈 길을 서두른다.
승객이 없더라도
몸에 실은 단 몇 명을 위해서.

목적지를 향해 종착지를 향해.
텅 빈 새벽은
홀로 선로 위를 달리고 달린다.

겨울밤

입김이 하얗게 나오는
겨울밤의 천문대에서
추위에 떨며 들은 이야기

사랑 때문에 별이 된 오리온,
별이 되어서도 함께하는 쌍둥이.

별이 된 이야기들이 함께해서일까.
영하로 떨어졌던 밤하늘이
포근하게 느껴진 것은.

바다로

이가 시린 파도와
살갗을 태우는 백사장이
기다리는 그곳
하얀 물거품과 새파란 하늘이
반겨주는 그곳

뜨거운 햇빛에 바싹 달궈져
내 마음조차 뜨거워지는 그곳.

어서 오라며 철썩이는 파도소리에
절로 뛰어들게 되는 그곳으로 가자.
나를 부르는 바다로 가자.

해 지는 소리

겨우내 얼어 있던 얼음판 밟히는 소리,
맑은 소리, 마음이 트이는 소리.
머리칼이 날리는 바람 센 날의 소리,
싸늘하지만 기분 좋은 소리.
하늘 좀 보라고 외치는 소리,
저녁 하늘이 붉게 물들어가는 소리,
홀가분하고 시원한 소리.
마음이 가벼워지는 소리.

겨울 산

눈 덮인 등산로에 떨리는 발을 올려놓는다.
눈 쌓인 나무들은 울타리처럼 곁을 둘러싸고
얼어붙어 흐르던 채로 굳어 있는 강물과
얼음이 얼어 단단하게 다져진 땅과
가슴속까지 얼릴 것 같은 차가운 바람.
그리고 꼭대기에 올라가 보이는 하늘.
새하얀 산과 파란 하늘에 숨 막히고
발밑에 밟히는 새하얀 구름
발걸음을 재촉하게 하는 그런 겨울 산.

30문 30답

1. 이름 — 심주섭

2. 학교 — 천안중앙고등학교

3. 생일 — 2월 3일

4. 혈액형 — B형

5. 부모님 하면 떠오르는 말

— 여행(어려서부터 여기저기 다양한 체험을 하게 하려고 여행을 다녔기 때문)

6. 가장 좋아하는 시와 이유

— 윤동주의 「별 헤는 밤」. 서정적이고 사색적인 분위기가 마음에 들어서.

7. 노래방 18번 곡

— Greenday의 「21Guns」

8. 이성을 볼 때 제일 먼저 보는 곳

— 머리

9. 결혼하고 싶은 나이

— 20대 후반

10. 가장 기억에 남는 영화

— 〈다크나이트〉

11. 거울을 본 후의 느낌

— 눈이 좋아져서 안경을 안 썼으면 좋겠다.

12. 태몽

— 아빠와 엄마가 강을 못 건너 동동거리는데 대통령이 나타나 악어를 잡아 배를 만들어 타고 갈 수 있게 해주었다.

13. 기억에 남는 광고

— 아이폰4 광고

14. 통장에는?

— 장학금, 교육보험 배당금 수령으로 현재 900만 원.

15. 신혼여행은 어디로?

— 프랑스

16. 길거리에서 1억 원을 주웠다면?

— 주인을 찾으려고 시도하고 찾지 못한다면 익명으로 기부한다.

17. 만 원으로 1박 2일을 보낸다면?

— 기차표를 사서 여행을 가보고 싶다.

18. 미래의 자식들에게 한마디 한다면?

— 항상 최선을 다해 살아라.

19. 3명만 복제인간을 만든다면?

— 나를 복제해서 한 명은 공부를, 한 명은 다양한 체험을 하기

위해 여행이나 미술관의 전시 관람을, 그리고 남은 한 명은 봉사활동을 다니며 사람들을 돕고 싶다.

20. 성대모사 할 수 있는 것

— 없음

21. 현 대학 입시는?

— 내신과 수능이라는 두 가지 부담을 학생에게 지워주지만, 그 의도는 공정성을 위한 것이라고 생각한다.

22. 자신의 장점

— 좋아하는 일에 무한정 시간을 투자할 수 있다.

23. 자신의 단점

— 한 가지 일에 깊이 빠지면 쉽게 헤어나지 못한다.

24. 고등학교 시절 중 경험한 배려와 나눔은?

— 동아리를 짜서 서천 서면중학교 학생들에게 과학 실험 교육을 한 것과 월랑초 인문사회 영재학급 오리엔테이션에서 '나의 미술작품 감상법'을 강의한 일.

25. 고등학교 시절 어려움과 극복의 노력

— 수학을 잘하지 못해 성적 향상에 문제가 있었다. 그러나 성적을 올리려고 노력하여 향상시키고 있다.

26. 가장 감명 깊었던 책 3권

— 괴테의 『파우스트』, 데이비드 보더니스의 『시크릿 하우스』, 칼 세이건의 『코스모스』

27. 자신의 자질 중 가장 뛰어난 것

— 한 가지 일에 진득하게 파고들 수 있다.

28. 성장 환경이 삶에 미친 영향

— 어려서부터 부모님이 보고 싶은 책이나 전시회, 음악회가 있다면 데려가 주셨기에 다양한 방면으로 호기심을 키우게 되었다.

29. 자기주도적 학습 경험

— 학교에서 스터디그룹 동아리를 만들어서 운영했다.

30. 미래의 목표와 그 동기는 무엇인가?

— 국립 과학수사 연구원이 되는 것. 〈CSI〉를 보고, 내가 잘하는 것으로 다른 사람을 돕고, 내 꿈도 펼치고 싶다고 느꼈기 때문.

이동환

단대부고

아버지

처음으로 보았던 것은 당신의 눈동자
그 검은 은하수에서 떨어진 별똥별 같은 차가운 무엇인가가
나를 눈뜨게 했고
그 은하수를 시작으로 세상과 마주하게 되었죠

처음으로 느낀 것은 나를 들어 올린 당신의 따뜻한 손길
그 따뜻한 손길은 세상의 차가움을 느끼기도 전에
나를 보호했고
그 손은 지금까지도 저를 세상의 차가움에서 따뜻하게 해주었습니다

때로는 차가움으로 놀래기도 했지만
그 차가움마저도 타는 상처를 어루만져주기 위함이고,
그 차가움을 얻기 위해 스스로 손을 얼리는 그 고통을 몇 번이나 참으셨는지
알 것 같습니다

이제 당신의 눈동자는 시골의 밤하늘처럼 검정만을 지니지도 않고

당신의 손도 한번의 손잡음만으로 마음의 서리를 녹여주지 못합니다.

하지만 당신의 눈동자는 여전히 우주이고

당신의 손은 하루의 사소한 고통도 받아주는 하나밖에 없는 온기입니다

그리고 너

교복 입고 나선 아이의 아침에는
누군가가 피고 버린 말보로의 빈껍데기
겨우내 얼어 있던 땅이 녹으면서 나는 흙냄새
그리고 너

양복 빼입은 아이의 아침에는
갈비탕 대신 된장찌개를 먹어가며 산 첫 자동차의 경적 소리
오랜만에 보는 따스한 햇살
그리고 너

가족과 함께인 아이의 아침에는
내일 고등학교 입학에 설레어 하는 아들의 얼굴
연한 녹색으로 앉아 있는 산
그리고 너

먼 길을 떠나는 아이의 아침에는
벌써 가시면 어떡하느냐고 편히 쉬시라고 슬퍼하는 사랑하는 사람들
고생했다고 참 잘 살았다고 위로해주는 벚꽃들의 노랫소리

그리고 너

오늘의 등굣길에도,
십 년 후의 출근길에도,
삼십 년 후의 여행길에도,
몇 십 년 후의 귀갓길에도,
그리고 너

가족

누울 침대와
허기를 달랠 음식
소소한 하루의 이야기를 나눌 사람들은
어디를 가더라도 찾을 수 있다

하지만
날 진정으로 품어주는 사람
행복으로 배고프지 않게 해줄 사람
한 잔의 술 없이도 내 진심을 이야기할 수 있는 사람은 아니다

낯선 곳에서 헤맬 때 도와주는 사람
나의 농담에 웃어주고
슬픈 이야기에 울어줄 사람들은
어디를 가더라도 찾을 수 있다

하지만
내가 진정으로 가야 할 길이 어딘지 알려주고
나의 행복을 당신의 기쁨인 마냥

또 나의 슬픔이 당신의 슬픔인 마냥 기뻐하고 슬퍼할 사람은 아니다

고요히 잠든 아버지와 동생들
그리고 늦은 밤까지도 나를 기다리시는 어머니가 계신
오직 이곳에서만……

작은 소망

거기 풍경은 어떠신가요
당신의 순수한 마음만큼이나 아름다운가요
이곳처럼 낮과 밤이 있고 선과 악이 있고
이를 심판해주는 정의로운 자들이 있나요

낮의 가로수처럼 한 몸 태워서까지 세상을 시원하게 해주고
밤길의 가로등처럼 잠도 못 자고 세상을 밝게 비춰
당신의 하루를 어제와 같게 해줄 사람들이
그곳에도 있나요

이곳에는
낮과 밤이 있고 선과 악이 있으며 정의로운 자들이 있고
자신의 몸을 희생해주면서 남을 돕는 그런 사람들이 있고
당신만 없습니다

그곳에도
낮과 밤이 있고 선과 악이 있으며 정의로운 자들이 있고
자신의 몸을 희생해주면서 남을 돕는 그런 사람들이 있고
저만 없겠죠

당신이 저를 적어도 하나의 추억쯤으로 여겼으면 하는 바람이지만
지금 이 순간만은 아무것도 아닌 존재였으면 하네요
그래서 제가 없는 세상이
당신에게는 저와 함께였던 세상과 크게 다르지 않았으면 합니다

저에게 당신과의 일상들 하나하나는 큰 추억으로 기억될 겁니다
지금 이 순간만은 무엇보다 더 큰 존재였으면 하네요
당신이 없는 세상이 너무나도 괴롭고 힘들지라도
당신을 잊어버린다는 것은 더더욱 괴롭고 힘들 테니까요

그래야 당신이 아주 우연히 우리의 이야기가 끝난 그곳으로 돌아온다면
당신을 알아볼 수 있겠죠
아마 당신은 저를 알아보지 못하겠죠
그리고 저는 무척이나 아플 것입니다

하지만 당신을 다시 보았다는 행복이
그 아픔보다 더 클 것입니다
그리고 혹시 당신이 저를 완전히 잊어버렸다면
우리의 끊긴 이야기를 새롭게 써간다면 좋을 것입니다

눈송이야

눈송이야 눈송이야
너는 저 높디높은 하늘에서 내려왔지?
그럼 그곳에 있는 사람들과 인사쯤은 나눠봤겠네
그러면 하나만 물어볼게
그분은 그곳에서 잘 계시니?
혹시 내가 밥은 잘 챙겨먹나 걱정하시느라 잠도 못 드시는 건 아니지?

눈발아 눈발아
너는 인간 세상은 어떤지 보려 잠시 내려온 거니
그곳으로 다시 돌아갈 수 있는 거지?
그렇다면 하나만 부탁할게
그분께 이 말만 전해주렴
고마웠다고…… 행복하시라고……

30문 30답

1. 이름 — 이동환

2. 학교 — 단대부고

3. 생일 — 1996년 1월 4일

4. 혈액형 — A형

5. 부모님 하면 떠오르는 말

— 감사. 기다림. 늦은 시간까지 주무시지 않고 나를 기다려주신다.

6. 가장 좋아하는 시와 이유

— 고은의 「눈길」. 담겨 있는 의미가 좋아서.

7. 노래방 18번 곡

— 윤도현의 「길」

8. 이성을 볼 때 제일 먼저 보는 곳

— 얼굴

9. 결혼하고 싶은 나이

— 30살

10. 가장 기억에 남는 영화

— 〈타이타닉〉

11. 거울을 본 후의 느낌

— 여드름이 너무 많다.

12. 태몽

— 태양 꿈, 용 꿈.

13. 기억에 남는 광고

— 쇼 곱하기 쇼는 쇼

14. 통장에는?

— 약간의 용돈과 학용품 비용 등이 있다.

15. 신혼여행은 어디로?

— 따뜻한 휴양지

16. 길거리에서 1억 원을 주웠다면?

— 내 돈이 아니니 경찰서에 가서 주인을 찾아주겠다.

17. 만 원으로 1박 2일을 보낸다면?

— 밥은 편의점에서 사먹고 잠은 친구네 집이나 공원 벤치에서 잔다. 남은 5,000원 정도로는 친구들이랑 대중교통을 타고 바닷가로 추억 만들기 여행.

18. 미래의 자식들에게 한마디 한다면?

— 하루라도 후회하지 않을 삶을 살도록 노력하라.

19. 3명만 복제인간을 만든다면?

— 인간이 신도 아닌데 복제를 하면 인간성을 상실할 위험이 크고, 악의적으로 이용될 가능성이 크므로 인간복제에는 반대한다.

20. 성대모사 할 수 있는 것

— 〈스폰지밥〉의 뚱이.

21. 현 대학 입시는?

— 정시가 줄어서 조금 아쉽다. 하지만 수능의 영향력이 크게 준

것도 아니고, 대입 전형이 다양해져서 대학을 갈 수 있는 방법이 여러 가지가 됐다는 점은 긍정적이다.

22. 자신의 장점

— 남의 이야기를 잘 들어준다. 배려심이 깊다.

23. 자신의 단점

— 너무 착하고, 양보심이 많다 보니 손해 보는 것이 많다.

24. 고등학교 시절 중 경험한 배려와 나눔은?

— 기부단체를 통해 브라질에 있는 아이를 돕고 있다. 장애인 시설에 가서 도움을 나눈 적이 있다.

25. 고등학교 시절 어려움과 극복의 노력

— 어릴 때부터 사업가가 꿈이었는데 너무 모호하다는 생각이 들었다. 사업을 하기 전에 한 번 더 내가 진짜 하고 싶은 일이 무엇인지 찾아보기 위해 스스로 대학에서 무슨 과목을 배우고 싶은지 고민해봤다. 내가 관심이 있는 과목은 경영학, 심리학이라는 것을 알게 되었다.

26. 가장 감명 깊었던 책 3권

— 『파리대왕』 『아프니까 청춘이다』 『데미안』

27. 자신의 자질 중 가장 뛰어난 것

— 문제가 생겼을 때 그 해결책을 빨리 찾는다.

28. 성장 환경이 삶에 미친 영향

— 언제나 내가 하고 싶은 일을 할 수 있게 도와주신 부모님 덕분에 행복하게 살아왔고 나의 미래에 대해서 생각할 기회가 많았다. 행복한 미래를 상상하면서 공부를 하다보니까 자동적으

로 자기주도적 학습도 하게 되었다. 또, 부모님의 가르침 덕분에 어릴 때부터 남에게 예의 있게 대하는 태도와 배려심을 갖게 되었다.

29. 자기주도적 학습 경험

– 목적하는 바를 정하고 그 목표에 맞추어 스스로 길을 찾아가는 학습을 해왔다.

30. 미래의 목표와 그 동기는 무엇인가?

– 경영학과를 나와 사업가로 큰 성공을 하고 싶다. 빌게이츠와 워렌버핏이 사업가로 큰 성공을 하고, 그 재력으로 사회에 기여하는 것을 보며 큰 감동을 받았다. 나도 훌륭하고 존경받는 기업인이 되어 인류에 공헌을 하고 싶다.

이종혁

배명고

핸드폰

마약 같은 존재인 너
손을 떼려야 뗄 수가 없어
한 번 빠지면 헤어날 수 없는 너

네모나게 생긴 것이 뭐라고
매력도 없는 것이 뭐라고

자꾸 빠지게 만들어
나오려야 나올 수가 없어
너란 게 뭐라고

사진기

하나 둘 셋 찰칵
소리를 내며
나의 추억을 담는다

기억을 못하는 과거도
잊어버리고 싶은 일도
다시 회상하고 싶은 일도

네모난 상자
그는 모든 것을 알고 있다
내 분신이자 나의 추억의 저장소
그 이름 사진기

말

가는 방향이 정해져 있다
조련사에게 맞으면서 훈련되고
가리개로 항상 앞만 보고 살아야 되는
말

어쩌면 나도 그럴지도 모른다
잠시 서서 둘러보지 않고
그저 가라는 데로만
정해진 길로만
가는 걸지도

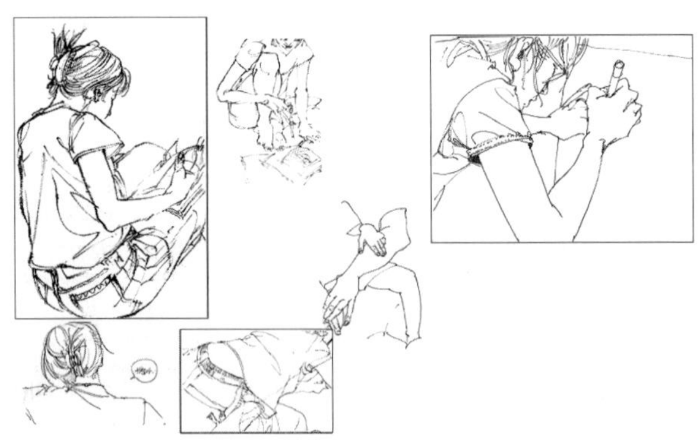

그림자

너는 항상 졸졸
쫓아다니면서도 힘들지도 않니

낮에는 꼭꼭 숨어 있다가
밤이 돼서야 나타나고
키도 커졌다가 작아지고

마술사처럼 행동하는 너
내일은 어떤 모습일지 궁금해지네

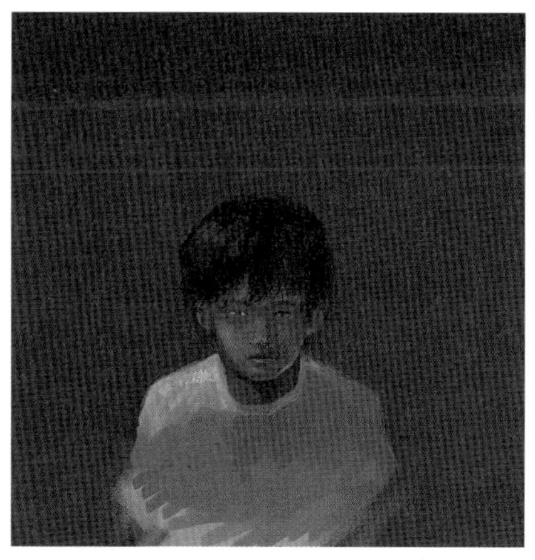

두부 한 모

드디어 오늘 나왔다
밖에서는 가족들이 기다리고 있네

두부 한 모를 손에 쥐여준다
먹으니 울컥해진다
텁텁하고 목이 메는 두부
평범한 두부가 오늘은 왜 이리도
나를 슬프게 하고 기쁘게 하고
후회되게 하는가

30문 30답

1. 이름 — 이종혁

2. 학교 — 배명고등학교

3. 어디 살고 있나?

— 송파구 문정동 올림픽훼미리

4. 어제 꾼 꿈은?

— 꾸긴 꾼 거 같은데 기억이 안 난다.

5. 어렸을 때부터 자기가 하고 싶었던 것은?

— 세계여행, 스포츠카 구매.

6. 가장 좋아하는 노래

— Jay-z의 〈Empire state of mind〉

7. 인상 깊게 본 영화와 그 이유

— 〈퍼펙트월드〉. 내가 이때까지 본 영화 중에서 가장 슬프고 뜻이 깊은 영화이기 때문. 한 죄수와 아이가 위험천만한 생활을 하다가 죽음을 맞이한다.

8. 지망 대학교와 지망하는 과

— 연세대나 한양대의 전자전기과

9. 가장 좋아하는 연예인

— 한혜진

10. 가장 개성이 넘치는 연예인은?

— 노홍철

11. 내가 남들보다 잘한다고 생각하는 것은?

— 분위기 파악, 전자기기 다루는 거.

12. 내가 제일 재미있게 또는 감명 깊게 읽은 책은?

— 『초월하는 애플 추월하는 삼성 SMART 대전』

13. 좋아하는 시는?

— 이육사의 「광야」. 우리나라에 대한 애국심이 느껴진다.

14. 무엇을 할 때 즐거운가?

— 잠잘 때, 운동할 때.

15. 무엇을 할 때 슬프거나 짜증이 나는가?

— 공부

16. 지금까지 살아오면서 아쉽거나 후회되는 일은?

— 미국에서 계속해서 공부를 못한 것과 스케이트를 그만둔 것.

17. 가족이란?

— 나에게 도움과 힘이 되는 존재이다.

18. 자신이 가장 자랑스러울 때

— 시험 성적이 올랐을 때.

19. 지금 당장 이루고 싶은 것은?

— 공부를 잘하는 것.

20. 근래 거짓말을 한 적이 있나?

— 한두 번 정도.

21. 제일 좋아하는 과목과 취약한 과목은?

— 좋아하는 과목은 영어, 취약한 과목은 수학.

22. 공부를 재미있어서 하는가 아니면 억지로 하는가?

— 때에 따라서 다른데 내가 재미있거나 공부가 잘될 때는 흥미를 느끼고 싫은 때는 거의 억지로 한다.

23. 제일 싫어하는 사람은?

— 교육 쪽에 종사하고 있는 사람들.

24. 하루 동안 자유 시간을 갖는다면 무엇을 하고 싶은가?

— 침대에서 자기, 밖에 나가서 농구하기.

25. 현재 좋아하는 이성이 있는가?

— 없다고 하면 거짓말이다.

26. 현재 하고 있는 봉사활동은?

— 한 달에 한 번 독거노인들에게 봉사하러 간다.

27. 인상 깊은 추억은?

— 한두 개가 아니지만 굳이 말하자면 학창 시절이 아닌가 싶다.

28. 이 글을 쓰면서 생각하고 있는 것은?

— 아무 생각이 안 난다.

29. 지금 어디 있는가?

— 컴퓨터 앞에.

30. 꼭 하고 싶은 말

— 30문 30답이 이렇게 어려운 건 줄 몰랐고, 한편으로는 재미있다고 느꼈다.

한상우

● 대전동산고

가짜 눈

넓은 마음을 가진 하늘이 내려주는 눈이 내린다.
세상의 모든 상처들을 덮어줄 수 있는 그런 눈이 내린다.

나는 하늘이 내려주는 눈처럼 진짜 눈이 되지는 못하지만
상처 때문에 고통 받고 있는 이들에게 희망을 줄 수 있는
가짜 눈이 되고 싶다.

돌계단

혼잡한 현대인의 삶 속에서
묵묵히 돌계단을 올라가는
나는 나는 그런 사람이 되고 싶다

주위의 유혹과 방해 속에서도
자신을 믿는
나는 나는 그런 사람이 되고 싶다

다른 사람이 왜 올라가느냐고 물을 때
말없이 자기 길을 올라가는
나는 나는 그런 사람이 되고 싶다.

자책

아버지…… 어릴 적 저에게 아버지는 뭐든지 잘하시는 슈퍼맨이셨습니다.

아버지…… 지금의 아버지는 약해지고 작아지셨지만
제게는 유일한 슈퍼맨이십니다.

임이 날지 못하시면 제가 날개가 되어드리고
임이 걷지 못하시면 제가 다리가 되어드리겠습니다.
부디 자신을 괴롭히지 말아주십시오.
부디……

대물림

어떤 아이의 사물함엔 책 5권이
어떤 아이의 사물함엔 책 1권이
모든 이의 시작은 같은 무게가 아니네

아이의 사물함 속에 책을 넣어줘야 하는 이는
자신의 사물함 속 책을 아이의 사물함으로 옮기네

때론 다른 이가 텅 빈 사물함을 보고 놀릴지라도
아이의 사물함을 보며 웃을 수 있는
그들의 사물함에 꽃이 피네.

발판

벽을 넘는다는 것은
보이지 않았던 벽을 만나는 일

하나 보이지 않는 벽이 무서워
눈앞의 벽을 넘지 못하면
보이지 않는 벽은 점점 높아져만 가네

때론 눈앞의 벽이 높고 험해 보일지라도
넘다 보면 손발에 피가 나고 멍이 들지라도
그 상처는 발판이 된다네.

30문 30답

1. 이름 — 한상우

2. 학교 — 대전동산고등학교

3. 생일 — 9월 14일

4. 혈액형 — A형

5 부모님 하면 떠오르는 말 — 내리사랑

6 가장 좋아하는 시와 이유

— 김영랑의 「독을 차고」. 자신에게 독을 차면서까지 일제에 저항하려고 했던 의지를 좋아한다.

7. 노래방 18번 곡

— 포맨의 〈Hello〉

8. 이성을 볼 때 제일 먼저 보는 곳

— 얼굴

9. 결혼하고 싶은 나이

— 32살

10. 가장 기억에 남는 영화

— 〈괴물〉

11. 거울을 본 후의 느낌

— 자괴감이 든다.

12. 태몽

— 없음.

13. 기억에 남는 광고

— 수미칩

14. 통장에는?

— 0 네 자리.

15. 신혼여행은 어디로?

— 스웨덴

16. 길거리에서 1억 원을 주웠다면?

— 뭐든지 얻으면 잃는 게 있듯이 내 소중한 것을 잃을 수도 있으니 주인이 나타날 때까지 쓰지 않고 기다리겠다.

17. 만 원으로 1박 2일을 보낸다면?

— 피시방에서.

18. 미래의 자식들에게 한마디 한다면?

— 20살에 독립해라.

19. 3명만 복제인간을 만든다면?

— 나 세 명.

20. 성대모사 할 수 있는 것

— 없음.

21. 현 대학 입시는?

— 2014년 수능

22. 자신의 장점

— 운동 능력이 좋다.

23. 자신의 단점

— 잠이 많다, 게으르다, 내성적이다.

24. 고등학교 시절 중 경험한 배려와 나눔은?

— 선생님들이 자신이 받은 선물을 학생들에게 나눠주실 때 선생님의 위대함을 느꼈다.

25. 고등학교 시절 어려움과 극복의 노력

— 어려움이 진행 중이다.

26. 가장 감명 깊었던 책 3권

— 공지영의 『우리들의 행복한 시간』, 장승수의 『공부가 제일 쉬웠어요』, 마지드 마지디의 『천국의 아이들』

27. 자신의 자질 중 가장 뛰어난 것

— 혼자 고민하는 것.

28. 성장 환경이 삶에 미친 영향

— 자기주도적 학습을 원하시는 부모님 밑에서 자라나 자유로운 아이가 되었다.

29. 자기주도적 학습 경험

– 나만의 계획표에 나만의 계획을 써서 공부를 해나갈 때 '이런 것이 공부구나'라고 생각하게 되었다.

30. 미래의 목표와 그 동기는 무엇인가?

– 제약사. 아픈 사람의 고통을 덜어줄 수 있는 약을 내 손으로 만들고 싶다.

초중등부

김근우

T
L
B
U

The Last ALMA MATER Song

ALMA MATER was the song,
that we sang together when we first met

ALMA MATER was the song,
that woke us up every morning for class

ALMA MATER was the song,
that we sang for any special ceremony

ALMA MATER has been always the song
that brought us together

ALMA MATER is the song,
that we sing today to see you, seniors, off for graduation……

The very last ALMA MATER,
that we sing together today will separate us.

Even though we say good bye now,
ALMA MATER will be the song,
that we will sing together someday when we meet again.

김준우

• TLBU

Grandfather

Grandfather,
Who I have never met even in my dream

Grandfather,
Who my father always says I resemble him

Grandfather,
Who was very happy when my father became a pilot

Grandfather,
Who was a great provider for the family

Grandfather,
Who was the man of integrity and diligence

Grandfather!
May the lord ever allow us to meet once in our life
One word that I want to share

Grandfather!

I miss you and love you

Grandfather!

We may no longer belong to the same world

You're always in my heart

Grandfather!

We may no longer belong to the same world

You're always in my mind

이동현

● 대치중

자물쇠와 열쇠

오늘도 세상은 출근길 사거리
사람들은 서로에게 꼭꼭 걸어 잠군 철문,

오직 자신에게만 대화하는 사람들……

이 자물쇠를 풀 수 있는 열쇠를 찾기를!
그 오래된, 녹슨 자물쇠가 풀리는 순간,
사거리에 대화가 시작된다.
서로에 대한 관심의 문이 열린다.

이승준

대치중

학교 가는 길

6년이라는 시간을 함께 보낸 노란 스쿨버스

학교를 행복하게 갈 수 있게 길을 내어준 고마운 남산

봄에는 하얀 벚꽃송이

가을에는 노랗고 빨갛게 물든 단풍들

그래서 아름다웠던

나에겐 고마운 그 길

정들었던 나의 고향 같은

그 길을 이제는 그리워만 하네

그 길은 옛 추억을 떠올리게 하는 타임머신이라네

이한준

• TLBU

Life

In the morning,
People eat breakfast,
Pigeons sing,
People go to school, and work
Dogs walk through the street,
Everything turns new.
In the afternoon,
People eat lunch,
Someone comes back from school,
Pets are waiting for their master.
In the evening,
People eat dinner,
Someone comes back from work,
Someone is still working and studying,
Pets are waiting for their masters until they come.
After all this life,
Everything goes back to sleep,
Waiting for a new life to begin.

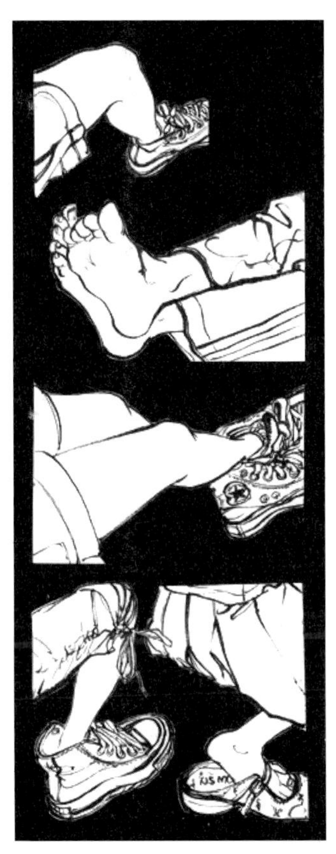

최형진

신촌중

오감

그 어떤 멋들어진 그림이 있어도
눈으로 보아야 그림이 아름답고
그 어떤 신나는 음악이 흘러도
귀로 들어야 음악이 흥겹다
아무리 좋은 향수를 뿌려도
코로 맡아야 향기가 감미롭고

아무리 맛있는 만찬이 있어도
입으로 먹어야 음식이 달콤하다
착하고 좋은 사람들은 많지만
손으로 악수해야 사람이 정겹고
남들과 직접 어울려야 세상이 즐겁다

한지은

글꽃중

겨울 사진

꽁꽁 나무에서
흩어지는 소리가 나는

보송보송
눈이 오는 겨울

문득 사진첩을 보다
공허한 느낌에

서리 낀 창문 밖 바라본
나무 위 새하얀 눈

다 같이 어울려
손잡고 눈길 위를 걷던

겨울이면 생각나는
따뜻한 친구들

김양환

● 개일초

구름에 뛰노는 날

햇빛이 쨍한 날,
강아지가 학교를 마치고 간다.
강아지 눈에
아이들이 달리기 시합을 하는 것과
놀이터, 소나무, 벤치가 눈에 뛴다.
강아지는 물어 왔다.
놀까? 말까?
강아지는 아이들이 뛰는 모습이
구름에 뛰는 것처럼 보였다.

김준영

● 개일초

아파트 사잇길에서

아파트 사잇길에서
친할머니와 손잡고 걷다
문득 하늘을 보았다.
광활한 하늘을 보니 가슴이 탁 뚫렸다.
빠알간 단풍도 사사삭 소리를 내며 떨어졌다.
털썩 벤치에 앉자 벤치 사이로 바람이 들어왔다.
개운했다.
바람이 부는 하늘을 다시 보고,
타박타박 걸었다.

백지우

개일초

설날, 즐거운 연날리기!

콩닥콩닥 떨리는 마음.
나는 겨우 집을 나섰다.
손은 긴장해서 달달,
식은땀이 주르륵,
목은 바짝바짝 마른다.

연싸움을 하러 가는 길.
잘 날아갈 수 있을까?
이길 수 있을까?
조마조마한 마음.
꼴찌는 제발 안 하고 싶어!
간절간절 간절한 마음.

아이들이 나풀나풀
연을 힘차게 날린다.
바람을 가르며,
드디어 연싸움이 시작되었다.
누가 연싸움에서 이길까?
조마조마 궁금궁금.

갑자기 철수 연, 순이 연이
바람에 휘말려 억지로 싸운다.

무슨 일이 일어난 거지?
내 연까지 저 싸움에 휘말리겠어!
어서 피하자!
그러다 두 개 다 빠직!
날개가 부러져서 곤두박질치며
회오리처럼 뱅글뱅글 엉켜 떨어졌다.

아슬아슬 머리에 맞을 뻔했다.
다행히 스치기만 했다.
가슴이 깜짝 놀랐다.
입에서 왁! 소리가 났다.
팔을 버둥거렸다.

연이 망가진 철수.
슬픔에 잠겨 울었다.
네 조각으로 갈기갈기 연이 찢어진 순이.

으와아아아앙. 울었다.

연이 많은 나는 연을 하나씩 주웠다.
둘 다 울음을 뚝 그치면서
방긋방긋 방실방실
해맑게 웃었다.

설날!
즐거운 연날리기가 끝났다.

오유준

● 사하초

봄

봄은 좋은 친구
잠자고 있던 생명들을 깨워주는
참 좋은 친구

봄은 얄미운 친구
졸게 만들어서 혼나게 하는
참 얄미운 친구

좋든 얄밉든 봄은
우리에게 정말 필요한 친구
생명들에게 활기를 넣어주는
봄은 우리에게 꼭 필요한 친구

옥종윤

● 장승포초

방학

입학식엔 초롱초롱한 눈동자들을
가진 친구를 만나고
나는 아무것도 모르는 체 멍하니 있고

조금만 있으면 방학
내게는 방학이 제일 좋다

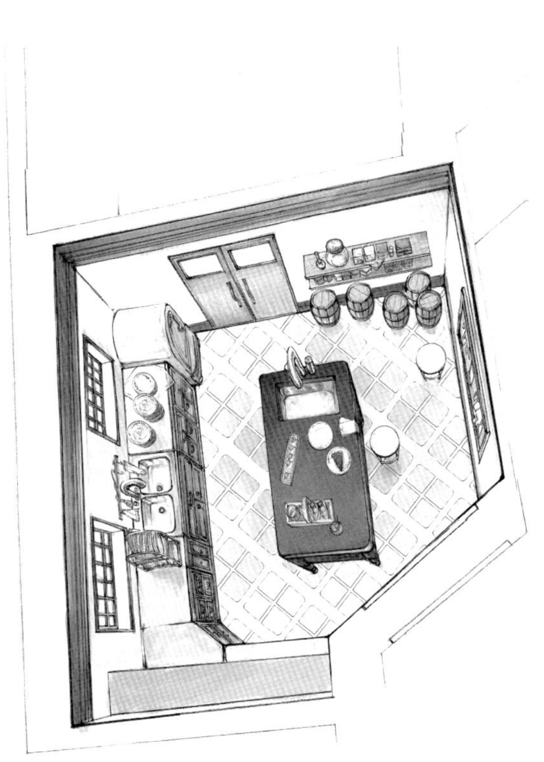

옥종훈
장승포초

신기한 땅

땅이 없으면 우리도 없고
땅이 화나면 지진이 된다.

땅이 기쁘면 꽃과 예쁜 것들이 핀다.
쓰레기를 아무 데나 버리면 땅이
폭발해서 화산이 된다.

우리는 땅을 아끼고 사랑해야 된다.
이제부터 땅을 괴롭히지 않겠다.

유주은

● 개일초

까마귀 우산

머리 묶은 한 소녀
비와 바람을 뚫고
집으로 가려고 할 때

까마귀 한 마리
소녀 머리 위에 앉아
비를 막아 주었다.

참 고마운 까마귀
그 까마귀, 까마귀 우산
소녀의 가장 좋은 우산

까마귀 우산은 차가웠다.
따뜻하게 감싸주려고 할 때
까마귀 우산은 차가웠다.

윤성진

● 장승포초

나의 꿈

슛! 골! 함성이 울리네
떨리고 떨리고 떨린다

이기기도
비기기도
지기도

때로는 기쁘고
때로는 슬프다

축구를 하면
난 승리하고 싶다

친구와 함께
오늘도 축구하러 간다
난 언제나 즐거워
난 축구 축구가 좋다

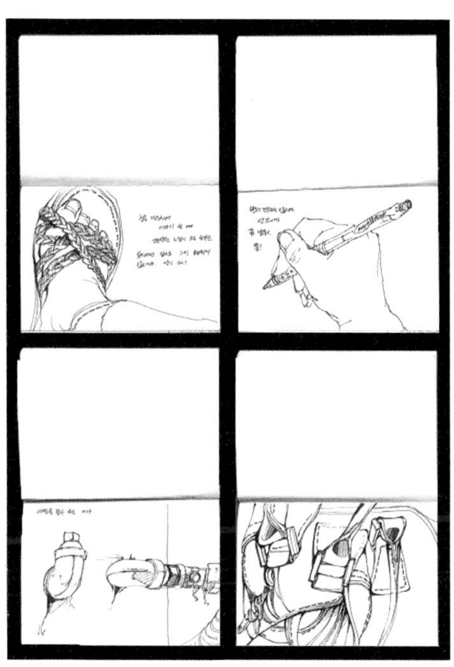

이유정

● 대도초

멈추지 않는 시계

전지 없는 시계는 계속 돌아간다.
느려지긴 해도 계속 돌아간다.

IMF, 세계 대공황.
무거운 돌덩이들이 떨어지면
시계 안의 원자 분자들이 합세해 막아낸다.

포기 없는 시계.
단일단심의 시계.
대한민국 국민들의 열정 가득한 모습.

최영민

● 개일초

풍선

터벅터벅 길을 걷다 보니
풍선이 떨어져 있네.

푸 하고 풍선을 불면 재미있다
하하호호 정말 재밌는 소리

너무 힘차게 불어 빵빵퐁 하고
터졌네

너무 재미있는 하루

최지민

개일초

단풍잎

데굴데굴 구른다
데굴데굴 단풍잎 잘 구른다
대롱대롱 달렸다
대롱대롱 은행잎 잘 달려 있다
구리구리 냄새
구리구리 은행 냄새는 심하다

고교생 공동시집 우리들의 특별한 언어

책가방으로 들어온 詩

초판 1쇄 인쇄 2013년 3월 20일
초판 1쇄 발행 2013년 3월 29일
지은이 이동환 외
펴낸이 김석봉
기획 스누라(snura)
책임편집 이현호
그림 강예슬
디자인 조동욱
펴낸곳 문학의전당
출판등록 제311-2012-000043호
주소 서울시 은평구 연서로11길 7-5 401호
편집실 서울시 마포구 공덕2동 404 풍림VIP빌딩 413호
전화 02-852-1977
팩스 02-852-1978
블로그 http://blog.naver.com/mhjd2003
전자우편 sbpoem@hanmail.net

ISBN 978-89-98096-22-9 03810